NOTICE

Sur la vie et les travaux de Monseigneur FRANÇOIS-MARIE
BIGEX, *Archevêque de Chambéry, ancien Évêque de Pignerol, Prévôt d'Oulx, Seigneur de Chaumont. de l'Abbaye
de Sainte - Marie, de Saint - Pierre de Val - Lemina, et
Comte; Membre de la Société Académique de Savoie;*

(Lue à la SOCIÉTÉ ACADÉMIQUE DE SAVOIE, le 19 Mars 1827, par M.
G. - M. RAYMOND, Secrétaire Perpétuel de la Société).

Si la Société Académique de Savoie a eu lieu de s'applaudir du
choix des Membres qu'elle a successivement appelés dans son sein,
combien de pertes mémorables et douloureuses n'a-t-elle pas
eu déjà à déplorer depuis l'époque encore récente de son insti-
tution (1)! Une année seulement venait de s'écouler depuis la mort
de l'estimable et savant rédacteur de la *Biographie Universelle*
(M. C. - M. Pillet), et, dans l'amertume de nos regrets, nous
avons vu s'ouvrir une nouvelle tombe pour recevoir un Membre
illustre que nous nous étions réjouis de voir destiné à résider dé-
sormais dans notre ville, en vertu de son auguste ministère, un
Membre qui, par son rang et la dignité de son caractère, donnait
de l'éclat à nos réunions, et qui prenait un véritable intérêt à
nos travaux.

(1) La Société Académique de Savoie, établie en 1820, avait perdu dès-
lors le Comte Joseph de Maistre, auteur des *Soirées de Saint-Pétersbourg*,
le Comte Bertholet, Pair de France, M. Tôchon, de l'Académie des Ins-
criptions et Belles-Lettres de Paris, le Docteur Carron, Professeur hono-
raire de l'Université royale de Turin, le Marquis de Costa de Beauregard,
et M. C. - M. Pillet.

Le Clergé et les fidèles de ce Duché s'étaient de même félicités de voir placer sur le siége métropolitain de Chambéry un savant et vertueux prélat qui, malgré son âge et les fatigues d'une vie laborieuse toute consacrée aux grands intérêts de la Religion, semblait promettre encore une carrière assez longue pour l'accomplissement de tout le bien qui restait à faire dans le ressort de sa juridiction pastorale, et pour l'exécution des vues nombreuses et utiles qu'il avait méditées. Mais le ciel, dont il ne nous appartient pas de sonder les décrets, a voulu le récompenser dès à présent de ses travaux, en laissant à ses successeurs la tâche et le mérite de continuer le bien qu'il avait commencé.

Mg.^r François-Marie Bigex naquit le 24 septembre 1751, à la Balme-de-Thuy, Mandement de Thônes, Province de Genevois. Il avait un oncle Plébain d'Evian, et un grand oncle Aumônier des Dames de Sainte-Claire de la même ville. Ces deux ecclésiastiques l'appelèrent auprès d'eux et mirent leurs soins à cultiver les heureuses dispositions qu'ils remarquaient en lui. En peu de temps il parcourut les premières classes de latin dans le Collége d'Evian; et, quoiqu'il eût commencé ses études un peu tard, il avait terminé son cours de philosophie à seize ans. Alors il fut envoyé à Thonon pour entreprendre celui de théologie dogmatique. Il étudiait en même temps l'Ecriture sainte et la langue grecque, dont un Père Barnabite, empressé de seconder son amour pour le travail, lui donnait des leçons assidues; et l'intérêt qu'il inspirait détermina le célèbre Avocat Louis Dubouloz à lui enseigner les élémens du Droit Civil qu'il avait rédigés pour son fils. On tenta, à cette époque, de l'engager dans cette carrière; mais la Providence, qui avait sur lui d'autres desseins, lui inspira la persévérance nécessaire pour l'état auquel il se sentait appelé.

Après trois ans d'études théologiques, il alla se présenter à l'examen pour être admis au Séminaire d'Annecy. L'illustre évêque qui occupait alors le siége de cette ville, Mg.^r Biord, doué d'une rare pénétration et habile à discerner le mérite, sut prévoir les services que les talens et la piété du jeune aspirant promettaient de rendre dans la suite à l'Eglise. M. Bigex fut reçu à l'unanimité des suffrages. Il passa une année au Séminaire. La capacité et les connaissances dont il donnait de jour en jour de nouvelles preuves firent juger qu'il méritait d'être formé sur un plus grand théâtre : on le fit partir pour Paris, où il fut admis au Séminaire de Saint-Sulpice.

Dès la seconde année de son cours, il fut fait successivement maître des conférences, professeur de philosophie et ensuite de théologie. Son cours de cinq ans étant terminé avec le succès le plus distingué, il obtint de faire celui de la Licence deux ans avant le terme ordinaire. Pendant le temps de ses études, il avait été choisi, avec plusieurs de ses confrères, pour faire le catéchisme à la paroisse de Saint-Sulpice.

Lorsqu'il eut achevé les deux années de Licence, son mérite lui fit assigner le second rang, et, en cette qualité, on lui adjugea l'une des pensions qui étaient accordées sur des bénéfices aux deux premiers sujets de la Licence. Il avait disputé la première place, mais si elle lui échappa, celle qui lui échut était encore assez honorable, si l'on se rappelle que Bossuet, dans la même circonstance, ne parvint également qu'à la seconde.

La Princesse de Piémont (la bienheureuse Marie – Clotilde de France) avait recommandé l'abbé Bigex à la princesse de Marsan, son ancienne gouvernante. Il eut souvent occasion de s'entretenir avec elle des vertus de son auguste élève et des merveilles de la grâce qui avaient éclaté en elle dès son enfance. La princesse de Marsan lui fit obtenir une seconde pension, dont il a joui, ainsi que de la première, jusqu'à la révolution française.

M. Bigex reçut en 1785 le grade de Docteur de la Faculté de Théologie.

Pendant son cours à la Sorbonne, il avait eu des rapports particuliers avec deux prélats de la famille de Conzié, du Bugey, dont l'un était Archevêque de Tours, et l'autre, Évêque d'Arras. Ce dernier, qui passait pour l'un des évêques les plus distingués de l'Eglise de France, avait conçu pour M. Bigex la plus haute estime et un véritable attachement. Il voulait le retenir auprès de lui en qualité de Vicaire – général, et il fit même à cette fin des instances auprès de l'Evêque de Genève.

M. Bigex, en quittant Saint-Sulpice, y avait laissé, de ses vertus et de son savoir, des souvenirs qui n'y sont point encore effacés. Aussi eut-il plus tard des relations fréquentes avec M. Emery, Supérieur de cette Maison, sur les affaires générales de l'Eglise de France.

On avait encore essayé de fixer M. Bigex à Paris; mais Mg.^r Biord, qui n'aurait pu se résoudre à priver son diocèse d'un tel sujet, se hâta de l'attacher au Chapitre d'Annecy par un Canonicat.

A son retour de Paris, M. Bigex vint à Chambéry, où il resta quelques jours auprès de Mg.^r Michel Conseil, qui lui donna plusieurs marques de la considération qu'il avait pour lui. En quittant ce prélat, dont il devait être un jour l'un des successeurs, il se rendit à Turin pour offrir l'hommage de sa reconnaissance à la Princesse de Piémont. Accueilli avec la plus honorable distinction, il eut avec elle un entretien dont il aimait souvent à rappeler le souvenir.

Au bout de quelques mois, M. Bigex reçut des lettres de Vicaire-général.

En 1785, Mg.^r Biord étant mort, M. Bigex s'aquitta dignement de la tâche douloureuse de prononcer l'oraison funèbre de ce grand évêque. Il fut nommé l'un des Vicaires-Capitulaires pour la vacance du siége de Genève, et deux ans après, il reçut de Mg.^r Paget, successeur de Mg.^r Biord, de nouvelles lettres de Vicaire-général.

A l'époque désastreuse de 1792, Mg.^r Paget, fidèle à ses devoirs, s'était retiré en Piémont. M. Bigex se rendit à Lausanne, pour veiller de là sur un troupeau exposé dès-lors aux plus grands dangers, pour soutenir, par de fréquentes exhortations, le zèle des ministres de l'Evangile qui, au péril de leur vie, distribuaient en secret les secours de la Religion, pour les diriger dans leurs pénibles et dangereuses missions, par des instructions appropriées aux malheurs des temps. Il se passait peu de semaines que les ecclésiastiques du diocèse ne reçussent des avis et des communications propres à les consoler, à maintenir les peuples dans les principes religieux et à conserver parmi eux le précieux dépôt de la foi.

Obligé par intervalles de changer de résidence, M. Bigex fut quelque temps au Grand-Saint-Bernard, d'où il revint à Lausanne et ensuite à Genève, toujours occupé des mêmes vues et se livrant à d'infatigables travaux. Outre les soins qu'il prenait envers les missionnaires et les fidèles du diocèse de Genève, la confiance que l'on avait en lui était telle, qu'il se trouvait chargé, dans ces conjonctures difficiles, de la direction de dix-neuf diocèses. Pendànt ce temps , il publia quelques écrits relatifs aux circonstances: tels furent son *Instruction à l'usage des fidèles du diocése de Genéve*, sa *Réponse d'un Catholique Savoisien à la Lettre Pastorale de l'Evéque du M.-B.*, sa *Lettre à M. P.*, *le Catholique du Jura*, *le Missionnaire Catholique*, etc.

Il composa ce dernier ouvrage dans la vue de diminuer parmi le peuple l'influence des doctrines révolutionnaires qui tendaient de toutes parts à égarer les esprits. Ce livre eut rapidement plusieurs éditions (1), et il se répandit dans presque tous les diocéses de France. L'effet qu'il ne pouvait manquer de produire y excita l'attention d'un gouvernement dont il contrariait les principes. Le ministre de France près la République Helvétique fut chargé de porter des plaintes à l'Avoyer de Berne sur la faculté qu'il laissait à un émigré de publier et d'introduire en France un livre qu'il traitait de *séditieux*. L'auteur, cité devant l'Avoyer, se défendit avec autant de prudence que de dignité, et il parvint à déterminer le gouvernement suisse à faire une noble réponse à cette réclamation. Il est à observer qu'au moment même ou le gouvernement français se plaignait en Suisse de la publication du *Missionnaire catholique*, deux journaux de Paris faisaient les plus grands éloges de ce livre sous les yeux de ses accusateurs.

C'est encore à Lausanne que M. Bigex conçut et exécuta le projet de ses *Etrennes Religieuses*, qui eurent, comme l'on sait, le plus grand succès pendant douze années consécutives. Ce recueil, composé de dissertations simples, mais solidement raisonnées, et de citations judicieusement adaptées aux points de vue que se proposait l'auteur, était très-propre à remplir son objet, celui de combattre les fausses doctrines du temps et les maximes impies de l'incrédulité.

Ces *Etrennes Religieuses* furent supprimées en 1810 par la Police française. Ensuite de ses réclamations auprès du Ministre des Cultes, l'auteur obtint l'arbitrage de Mg.ʳ Duvoisin, Evêque

-----

(1) La première édition du *Missionnaire Catholique* fut imprimée à Lausanne, sous le nom de *Venise*. Elle fut traduite en italien, et la traduction fut imprimée à Venise en 1801. La 2.de édition française parut en 1798. La 3ᵉ fut imprimée à Clermont.

de Nantes; mais malgré la décision favorable de ce prélat, le livre resta suspendu, parce qu'il contenait quelques articles touchant la suprématie du Souverain Pontife, qui était alors détenu prisonnier.

Nous avons dit que M. Bigex s'était réfugié au Grand-Saint-Bernard; ce fut à l'époque où les Cantons Suisses furent envahis par les troupes de la République française. Il se trouvait au Saint-Bernard lorsque Buonaparte y passa avec son armée pour aller livrer la bataille de Marengo.

La Providence, qui veillait sur les destinées de l'Eglise, lui permit enfin quelque repos, après les sanglantes persécutions qu'elle venait d'essuyer. Un vénérable Pontife, élu à Venise, avait succédé sur la Chaire de Saint Pierre à l'infortuné Pie VI. Un concordat religieux fut signé à Paris le 15 juillet 1801, et ratifié par Pie VII le 15 août suivant. L'Eglise de France reçut une organisation nouvelle. Les anciens évêchés de Savoie furent supprimés et remplacés par le diocèse de Chambéry et de Genève. Mg.ᵣ Réné Des Moustiers de Mérinville, ancien évêque de Dijon, fut placé sur ce nouveau siége épiscopal, dont il vint prendre possession au commencement de l'an 1803.

Ce prélat connaissait les vertus, les talens, les grandes lumières de M. Bigex et son expérience consommée dans la direction spirituelle d'un diocèse, ainsi que dans tous les détails de l'administration. Il le choisit pour l'un de ses Vicaires-Généraux, conjointement avec M. de Thiollaz, ancien Prevôt de la Cathédrale d'Annecy, dont il occupe aujourd'hui le siége épiscopal, compagnon d'études de M. Bigex à la Sorbonne, et son digne collègue dans l'administration du diocèse d'Annecy, comme il l'a été long-temps ensuite dans celle du diocèse de Chambéry. Il ne fallait rien moins que de tels coopérateurs pour embrasser tout le travail qu'exigeait la réunion de quatre diocèses en un seul, pour saisir avec justesse tous les rapports qui devaient être pris en considération, et pour régler avec prudence tous les intérêts qu'il s'agissait de concilier : tâche grande et difficile, à laquelle la complication des circonstances et les suites des désordres antérieurs devaient naturellement opposer de nombreux obstacles.

Mg.ᵣ de Mérinville, chargé d'organiser le diocèse métropolitain de Lyon, s'adjoignit encore M. Bigex pour l'aider dans cette importante mission, qui fut remplie avec tout le succès qu'elle pouvait comporter. La haute et juste réputation dont jouissait le collaborateur de l'évêque de Chambéry détermina, dans ce temps-là, plusieurs évêques français à interposer leur crédit pour le faire promouvoir à l'épiscopat.

Mg.ʳ de Mérinville ayant donné sa démission du siége de Chambéry, fut remplacé par Mg.ʳ Irénée - Yves de Solle, auparavant évêque de Digne, qui fut intronisé en 1805. M. Bigex fut encore continué dans ses fonctions de Vicaire-Général, et dans la dignité d'Archidiacre, dont il avait été revêtu dès la création du nouveau Chapitre de Chambéry.

Dans le cours de son administration, il prit une part active à tous les travaux relatifs à la direction du grand diocèse qui avait remplacé les anciens. Outre plusieurs institutions que l'on vit renaître par ses soins, c'est pendant ce temps que furent établis le grand Séminaire diocésain, plusieurs petits Séminaires, le Couvent des Dames de la Visitation de Lémenc, les Sœurs de Saint-Joseph, etc. Les retraites ecclésiastiques et les conférences périodiques dans les Archiprêtrés eurent lieu dans ce diocèse avant qu'on les eût commencées dans aucun des diocèses de France.

Dans les visites pastorales de Mg.ʳ de Mérinville et de Mg.ʳ de Solle, ce fut M. Bigex qui portait le plus souvent la parole aux fidèles; et ses discours religieux, pleins de force et d'onction, faisaient la plus grande impression sur l'ame des auditeurs.

En 1817, il fut nommé à l'évêché d'Aire, en même temps que M. de Thiollaz le fut à celui de Castres. Mais nos Souverains, justes appréciateurs du mérite et jaloux de conserver les sujets utiles au bien de leurs peuples, ne renoncent pas facilement à l'avantage de les posséder dans leurs Etats. M.gʳ Bigex fut promu à l'Evêché de Piguerol.

Il nous serait difficile d'entrer dans le détail de tout ce que le nouveau Prélat a fait et entrepris de bien dans ce diocèse, qu'il a dirigé pendant sept ans. Ce serait à son vénérable et digne successeur qu'il appartiendrait de tracer ici le tableau de tout ce qu'il a trouvé de préparé en institutions utiles, en réformes salutaires, en vues pleines de sagesse. Mg.ʳ Bigex a publié plusieurs Mandemens remplis de discussions lumineuses, propres à éclairer ceux de ses diocésains que l'erreur de leurs pères a écartés du sein de la véritable Eglise (1). Il a rétabli le Synode diocésain, qu'avait créé en 1775 M.g^r Jean-Baptiste d'Orlié de Saint-Innocent; il a fondé un grand et un petit Séminaires. Il a porté dans ses visites pastorales ce zèle ardent qui l'animait pour les progrès de la Religion, et cette puissante influence de l'exemple d'un premier Pasteur qui offre, dans sa personne, le véritable modèle d'un Ministre de J. C.

Dans les Mandemens et les Lettres Pastorales qu'il publia en 1821, au sujet des funestes événemens de cette époque et de l'avénement de S. M. CHARLES-FÉLIX sur le trône généreusement abandonné par son auguste frère, on voit non-seulement des monumens d'une noble fidélité envers le Prince légitime, mais de solides dissertations sur l'origine et la nature de l'autorité souveraine.

Pour défendre les intérêts de l'Évêché confié à ses soins, M.g^r Bigex a eu à soutenir plusieurs procès importans, dans lesquels il fut lui-même son propre avocat, et en particulier dans une cause qu'il a gagnée contre un fameux jurisconsulte qui défendait sa partie adverse.

Son œil paternel veillait sur tous les membres de son troupeau. On sait comment, par sa vive charité et par son puissant crédit, il obtint de la clémence du Monarque la remise de la peine de mort en faveur d'un Vaudois nouvellement converti à la foi catholique.

Son zèle actif et ses travaux soutenus n'étaient pas bornés à son diocèse : il trouvait encore le temps de se livrer à des soins plus étendus, se montrant l'un des plus courageux défenseurs des droits de l'Eglise et l'un des plus fermes soutiens de la discipline ecclésiastique.

Lorsque Mg.^r de Solle eut donné sa démission du siége archiépiscopal de Chambéry, qui avait été érigé en Métropole, par Bulle du Souverain Pontife du 15 juillet 1817, Mg.^r Bigex fut appelé à remplacer le prélat démissionnaire et fut installé sur son nouveau siége le 18 juillet 1824.

Rentré dans un pays et au sein d'un Clergé auxquels il n'avait

---

(1) On trouve, entre autres, une savante controverse dans sa Lettre Pastorale du 29 juillet 1818, par laquelle il annonçait la visite de son diocèse, et dans les Notes étendues qui suivent son Mandement pour le Carême de 1819.

cessé de porter un tendre intérêt, environné de coopérateurs dont il connaissait le zèle et les lumières, il pouvait dès-lors, sous le sceptre protecteur de nos religieux Souverains, se livrer avec consolation et sécurité aux utiles entreprises que son activité, son expérience et sa sollicitude éclairée lui suggéraient pour le plus grand bien de la Religion et des mœurs. Aussi entra-t-il avec courage dans sa nouvelle carrière apostolique. Après avoir donné ses premiers soins aux intérêts généraux de son diocèse et aux principaux détails de l'administration, il entreprit ses visites pastorales.

Ici nous entendons s'élever un concert unanime de louanges, nous voyons éclater l'admiration, et nous dirons même l'étonnement, de la part des ministres des autels et des fidèles de toutes les classes, témoins du zèle sans bornes qu'il déployait dans ces visites pour ranimer la foi des peuples, pour rappeler les hommes à leurs devoirs, pour faire renaître la piété dans tous les états, pour réprimer les abus de tout genre, pour rétablir la décence dans le culte et la régularité dans tout ce qui regarde le service des paroisses. Nous regrettons d'être obligés d'omettre le récit d'une foule de circonstances touchantes auxquelles ces visites ont si souvent donné lieu, et qui seraient bien propres à faire voir quelle profonde vénération inspirait partout la présence de ce respectable pontife, et jusqu'à quel point elle contribuait à développer les sentimens religieux dont le germe s'est toujours heureusement conservé dans nos contrées.

M.gr Bigex s'est occupé avec succès de l'établissement des Conseils de Fabrique dans les paroisses, pour lesquels il a donné un Réglement daté du 1.er décembre 1825, conformément aux dispositions du Manifeste du Sénat de Savoie, du 22 août précédent.

A l'époque du Jubilé universel, il ne négligea rien pour en préparer les fruits et pour répandre dans son diocèse tous les secours spirituels les plus capables d'en étendre et d'en assurer les bienfaits. A ce sujet, nous devons faire mention du petit livre qu'il avait rédigé sous le titre d'*Instruction pour le Jubilé*, recommandé avec éloge par d'autres prélats dans leurs diocèses.

M.gr Bigex était au moment de mettre à exécution un grand nombre d'utiles projets, lorsqu'il a plu à la Providence de l'appeler à une meilleure vie. Il est mort dans l'exercice de ses fonctions pastorales, victime du même zèle qui l'avait animé dans tous ses travaux. Il s'était rendu au Bourget pour la clôture d'une Mission. Parti de grand matin, par un temps froid, il rapporta de cette pénible journée le principe de sa dernière maladie. Il continua sur son lit de mort de s'occuper avec la plus touchante sollicitude des intérêts les plus chers de son troupeau. Enfin le mal ayant pris le caractère le plus grave, il reçut les sacremens de l'Eglise avec cette fervente piété et cette entière soumission aux volontés du Ciel que l'on devait attendre d'une ame aussi éminemment chrétienne. Il expira le 19 février 1827, sur les dix heures du matin. On sait quels furent la consternation générale et les regrets universels qui se manifestèrent à la nouvelle de sa mort. Si l'Eglise a perdu en lui un grand prélat, et la société un homme des plus estimables par ses hautes et nobles qualités, le Clergé, les pauvres et les infortunés ont eu à pleurer la perte d'un père dont nous voudrions qu'il nous fût permis de révéler tous les bienfaits.

Nous avons remarqué ailleurs ce qu'ont présenté de touchant les circonstances de son Mandement pour le Carême de 1827, dicté avec le sentiment de sa fin prochaine, publié après sa mort et accueilli avec des larmes par les fidèles auxquels il semblait adresser, du haut du séjour éternel, ces dernières exhortations, ce testament de sa piété et de sa charité évangélique.

M.gr Bigex était d'une haute stature; il avait le port noble et assuré. Sa physionomie, pleine de dignité, annonçait tout à la fois cette gravité tempérée par la bienveillance, qui faisait le fond de son caractère, l'austérité de ses mœurs, l'inflexibilité de ses principes religieux, et en même temps cette aménité qui faisait particulièrement goûter ses entretiens. Rempli de délicatesse et fidèle aux véritables convenances sociales, il n'oubliait aucun honnête procédé et savait respecter toutes les bienséances.

Nous avons parlé de quelques-unes de ses relations avec des personnes distinguées. Il en avait contracté à Lausanne avec plusieurs familles des plus considérables de France. Au nombre des prélats avec qui il a eu des liaisons, nous nommerons M.gr Daviau, Archevêque de Bordeaux, qui fut son ami particulier, qui le consulta souvent et suivit ses avis dans plus d'une circonstance difficile. Nous devons ajouter que nombre d'Ecclésiastiques étrangers recouraient à ses lumières et que dans tous les cas son sentiment faisait autorité.

Enfin, ce qui complète son éloge, c'est la confiance que lui ont constamment témoignée le Roi Victor-Emmanuel et S. M. Charles-Félix, notre auguste Monarque actuel, confiance dont nous trouvons une preuve des plus honorables dans le soin qui lui fut donné de faire le choix d'un précepteur pour diriger l'éducation des Enfans de S. A. S. le Prince de Savoie-Carignan.

Nous avons eu l'occasion d'indiquer quelques-uns des écrits publiés par Mg.ʳ Bigex, nous devons encore faire mention des suivans :

Lettre à un ami retiré à la campagne sur le projet de l'établissement d'un Théâtre à Annecy; in-12, 1789.

De la sanctification des fêtes et dimanches, instruction pour ceux qui sont dans l'impossibilité d'assister aux Offices divins; 1799.

Règlement pour une Société de bons amis, pour propager la Religion, veiller au bien des Missionnaires, etc.

Il nous serait impossible de faire connaître ici avec détail toutes les Lettres Pastorales et tous les Mandemens, soit ceux auxquels il a coopéré, soit ceux qu'il a donnés sous son nom dans les deux diocèses de Pignerol et de Chambéry; productions aussi nombreuses que remarquables de sa sollicitude pour le salut des ames, où l'on voit éclater tout son zèle, sa haute piété, sa sagesse, ses lumières et cette vaste érudition dont ses longues et profondes études avaient enrichi son esprit.

Nous n'avons pas besoin de parler de l'estime particulière que le Clergé accordait à ses écrits. Le cas que l'on en faisait dans la capitale du monde chrétien est prouvé par les fréquens emprunts que leur a faits le journal ecclésiastique de cette ville (*Giornale Ecclesiastico di Roma*), et notamment à ses lettres aux Vaudois.